Matthias F.

Ide portal pencocokan properti inovatif: Mediasi properti dibuat mudah

Pencocokan properti: Mediasi properti efisien, sederhana dan profesional melalui portal pencocokan properti inovatif

Terbitan

Edisi ke-1 sebagai buku cetak | Februari 2017
(Awalnya terbit dalam bahasa Jerman, Desember 2016)

© 2016 Matthias Fiedler

Matthias Fiedler
Erika-von-Brockdorff-Str. 19
41352 Korschenbroich
Deutschland
www.matthiasfiedler.net

Produksi dan pencetakan:
Lihat kesan pada halaman terakhir

Desain sampul: Matthias Fiedler
Penyusunan E-book: Matthias Fiedler

ISBN-13 (Paperback): 978-3-947184-84-2
ISBN-13 (E-Book mobi): 978-3-947184-06-4
ISBN-13 (E-Book epub): 978-3-947184-07-1

Informasi bibliografi Perpustakaan Nasional Jerman:
Perpustakaan Nasional Jerman mendaftarkan publikasi ini di
Bibliografi Nasional Jerman; data rinci bibliografi tersedia di
internet melalui http://dnb.d-nb.de.

RINGKASAN

Buku ini menjelaskan konsep revolusioner untuk sebuah portal pencocokan properti global (Aplikasi) dengan perhitungan potensi penjualan yang dipertimbangkan (miliaran Euro), yang terintegrasi ke dalam perangkat lunak broker properti yang termasuk penilaian properti (triliun Euro potensi penjualan).

Dengan ini properti perumahan dan komersial dapat digunakan sendiri atau disewakan, dimediasi dengan efisien dan hemat waktu. Ini adalah masa depan perantara properti inovatif dan profesional untuk semua broker properti dan peminat properti. Pencocokan properti bekerja di hampir setiap negara dan bahkan dunia internasional.

Daripada properti "ditanggung" pembeli atau penyewa di portal pencocokan properti peminat properti yang berkualifikasi (profil pencari) disampaikan dan disambungkan dengan properti yang dimediasi dengan broker.

ISI

KATA PENGANTAR

Pada tahun 2011, saya telah memikirkan ide inovatif pencocokan properti yang dijelaskan dan dikembangkan di sini.

Sejak tahun 1998, saya telah bekerja dalam bisnis properti (termasuk perantara properti, jual dan beli, penilaian, penyewaan dan pengembangan tanah). Saya mengambil spesialis properti (IHK), diploma ekonomi properti (ADI) dan keahlian dalam penilaian properti (DEKRA) serta keanggotaan dalam asosiasi properti yang diakui secara internasional dari Royal Institution of Chartered Surveyors (MRICS).

Matthias Fiedler
Korschenbroich, 31.10.2016
www.matthiasfiedler.net

1. Ide portal penyesuai properti inovatif: Mediasi properti dibuat mudah

Pencocokan properti: Mediasi properti efisien, sederhana dan profesional melalui melalui portal pencocokan properti inovatif

Daripada properti "ditanggung" pembeli atau penyewa, di portal pencocokan properti (Aplikasi) peminat properti akan berkualifikasi (profil pencari) disampaikan dan disambungkan dengan properti yang dimediasi dengan broker.

2. Tujuan peminat properti dan penjual properti

Dari sudut pandang penjual dan penyewa properti itu penting untuk menjual atau menyewakan propertinya dengan cepat dan dengan harga yang tinggi.

Dari sudut pandang peminat pembeli dan potensi penyewa itu penting mampu menemukan properti sesuai dengan keinginannya dan dengan cepat dan mudah membeli atau menyewa.

3. Prosedur sampai saat ini pada pencarian properti

Biasanya, calon pembeli melihat properti di daerah keinginan yang mereka masukkan dalam portal utama properti di Internet. Di sana mereka bisa mendapat kiriman daftar dengan tautan yang relevan ke properti melalui surel jika mereka telah membuat profil pencarian singkat. Sering kali ini terjadi pada 2-3 portal properti. Setelah itu penyedia biasanya melalui surel akan menghubungi. Dengan ini penyedia akan menerima kesempatan dan izin untuk berhubungan dengan peminat.

Selain itu broker properti di wilayah yang diinginkan dapat dihubungi oleh peminat dan masing-masing profil pencarian disimpan.

Penyedia di portal properti adalah penyedia privat dan komersial. Penyedia komersial yang sebagian besar makelar properti dan beberapa perusahaan konstruksi, agen properti dan perusahaan properti lainnya (penyedia komersial ditandai sebagai broker properti dalam teks).

4. Kerugian penyedia privat / Keuntungan broker properti

Pada pembelian properti tidak selalu penjualan langsung bisa dilakukan oleh sisi penjual privat, karena contohnya tidak ada kesepakatan antara ahli waris pada properti yang diwariskan atau surat warisan hilang. Selain itu, masalah-masalah hukum yang belum terselesaikan yang dapat membuat sulit, seperti termasuk hak tinggal, penjualan.

Pada penyewaan properti dapat terjadi, bahwa penyewa privat tidak memiliki izin resmi, sebagai contoh, jika (luas) properti komersial disewakan sebagai apartemen.

Jika broker properti bekerja sebagai penyedia, ia biasanya telah menjelaskan aspek-aspek tersebut. Selain itu semua dokumen properti yang relevan sering telah tersedia (denah, peta, sertifikat kinerja energi, surat tanah, dokumen resmi, dll.). -

Jadi, penjualan atau penyewaan cepat dan tanpa komplikasi.

5. Pencocokan properti

Untuk mencapai pencocokan antara peminat dan penjual atau pemilik dengan cepat dan efisien, hal ini umumnya penting untuk menawarkan pendekatan yang sistematis dan profesional.

Hal ini dilakukan prosedur atau proses sebaliknya yang diarahkan untuk mencari dan menemukan broker properti dan peminat. Artinya, daripada properti "ditanggung" pembeli atau penyewa, di portal pencocokan properti (Aplikasi) peminat properti akan berkualifikasi (profil pencarian) disampaikan dan disambungkan dengan properti yang dimediasi dengan broker.

Dalam langkah pertama, peminat membuat profil pencarian tertentu di portal pencocokan properti. Profil pencarian ini berisi sekitar 20 fitur. Antara lain fitur berikut (daftar belum lengkap) sangat penting untuk profil pencarian.

- Regio / Kode Pos/ Kota
- Jenis objek
- Ukuran tanah
- Luas tempat tinggal
- Harga beli / sewa
- Tahun dibangun
- Lantai
- Jumlah kamar
- Disewakan (ya/ tidak)
- Ruang bawah tanah (ya / tidak)
- Balkon / Teras (ya / tidak)
- Jenis penghangat ruangan
- Ruang parkir (ya / tidak)

Yang penting, fitur tidak dikosongkan, tapi bidang fitur (misalnya, jenis objek) dipilih dari daftar opsi / pilihan standar atau mengklik (misalnya untuk jenis objek: apartemen, rumah, gudang, kantor...).

Secara opsional profil pencarian dapat dibuat oleh peminat. Pengubahan profil pencarian juga mungkin.

Selain itu, data kontak lengkap dimasukkan dalam bidang oleh peminat. Ini adalah nama, nama depan, jalan, nomor rumah, kode pos, kota, telepon dan surel.

Dalam konteks peminat memberikan persetujuan mereka untuk penerimaan kontak dan pengiriman ekspos properti dari broker properti.

Selain itu, peminat membuat kontrak dengan operator portal pencocokan properti.

Langkah selanjutnya tersedia API profil pencarian - (antarmuka pemrograman aplikasi API) - sebanding sebagai, misalnya, antarmuka pemrograman "openimmo" di Jerman - terhubung broker properti, yang masih belum terlihat. Ini perlu dicatat, antarmuka pemrograman ini - lebih atau kurang kunci untuk implementasi - harus mendukung dan memastikan transfer hampir semua perangkat lunak broker properti dalam prakteknya. Jika tidak, ini harus dimungkinkan secara teknis. - Karena sudah ada antarmuka pemrograman, seperti yang disebutkan di atas "openimmo" dan antarmuka pemrograman lain dalam praktek, transfer profil pencarian harusnya memungkinkan.

Sekarang broker properti membandingkan properti yang mereka mediasikan dengan profil pencarian. Dengan ini properti akan diunggah di portal pencocokan properti dan dicocokkan dan dihubungkan karakteristik masing-masing.
Setelah penyesuaian ini menghasilkan kecocokan sesuai dengan yang ditentukan dalam persentase. - Dari pencocokan 50%, contohnya, pencarian profil dalam perangkat lunak properti dapat terlihat.

Karakteristik masing-masing di sini ditimbang (sistem poin), sehingga bahwa setelah pencocokan karakteristik, persentase untuk pencocokan akan dihasilkan (probabilitas kesesuaian). - Sebagai contoh, karakteristik "Jenis objek" ditimbang lebih berat dari karakteristik "Luas tinggal". Selain itu karakteristik tertentu (misalnya gudang) dapat dipilih, karena properti harus memiliki ini.

Dalam perbandingan karakteristik untuk pencocokan harus diperhatikan untuk memberikan akses broker properti hanya untuk daerah yang mereka inginkan. Hal ini mengurangi beban untuk sinkronisasi data. Terutama karena masing-masing broker properti sangat sering bertindak secara regional. - Di sini, perlu dicatat bahwa penyimpanan melalui apa yang disebut "awan"dan pengolahan data dalam jumlah besar sekarang adalah mungkin.

Untuk memastikan mediasi properti profesional, hanya broker properti yang memiliki akses ke profil pencarian.

Untuk ini broker properti membuat kontrak dengan operator portal pencocokan properti.

Setelah kalibrasi / pencocokan masing-masing broker properti boleh menghubungi peminat dan sebaliknya. Ini juga berarti, jika broker properti mengirim laporan ke peminat, bukti aktivitas atau hak broker properti atas komisi broker mereka dalam hal penjualan atau penyewaan didokumentasikan.

Ini mengharuskan bahwa broker properti dipekerjakan dari sisi pemilik (penjual atau penyewa) dengan mediasi properti atau ada perjanjian untuk boleh mengiklankan properti.

6. Cakupan

Pencocokan properti yang dijelaskan di sini ini berlaku untuk pembelian dan penyewaan properti di sektor properti perumahan dan komersial. Untuk properti komersial tambahan karakteristik yang sesuai diperlukan untuk karakter properti.

Di pihak peminat dapat, seperti pada praktek biasanya, juga merupakan broker properti jika ia misalnya dipekerjakan pelanggan.

Melihat spasial, portal pencocokan properti dapat ditransfer ke hampir semua negara.

7. Keuntungan

Pencocokan properti ini menawarkan manfaat yang besar bagi mereka yang tertarik, contohnya jika Anda mencari properti di wilayah (kota) Anda atau mencari properti di kota / wilayah yang berbeda karena perubahan pekerjaan.

Anda membuat profil pencarian hanya sekali dan menerima pencocokan properti dari broker properti yang bekerja di daerah yang diinginkan.

Untuk broker properti hal ini menawarkan keuntungan besar dalam hal efisiensi dan waktu yang berhubungan dengan Penjualan atau Penyewaan.

Anda akan segera menerima gambaran tentang seberapa tinggi potensi peminat untuk masing-masing properti ditawarkan.

Selanjutnya broker properti dapat menghubungi langsung ke kelompok sasaran Anda yang relevan, yang telah membuat pemikiran konkret tentang properti ideal mereka dengan menerapkan di profil pencarian, (termasuk pengiriman laporan properti).

Hal ini meningkatkan kualitas dari kontak dengan peminat yang tahu apa yang mereka cari. Hal ini mengurangi jumlah tanggal berkunjung. - Akibatnya, tempo pemasaran keseluruhan untuk properti untuk dimediasikan berkurang.

Setelah kunjungan peminat ke properti yang dimediasi, dilanjutkan - seperti biasa - perjanjian pembelian atau penyewaan.

8. Contoh Perhitungan (potensial) - hanya intrinsik apartemen dan rumah-rumah (tidak termasuk sewa apartemen dan rumah serta properti komersial)

Dalam contoh berikut, menjadi jelas potensi apa yang dimiliki portal pencocokan properti.

Di daerah yang berpenduduk 250.000, seperti kota Mönchengladbach, secara statistik digenapkan ada 125.000 rumah tangga (2 penduduk per rumah tangga). Rata-rata persentase yang pindah adalah sekitar 10%. Dengan demikian 12.500 rumah tangga pindah setiap tahun. - Keseimbangan untuh masuk atau keluar dari Mönchengladbach tidak diperhitungkan di sini. - Dari sini sekitar 10.000 rumah tangga (80%) sedang mencari properti sewa dan 2.500 rumah tangga (20%) membeli properti.

Menurut laporan pasar tanah dari Komite Penasihat kota Mönchengladbach dalam 2012 ada 2.613 kasus pembelian properti. - Ini ditegaskan oleh 2.500 jumlah calon pembeli tersebut. Ini akan benar-benar lebih banyak, karena, misalnya, tidak setiap peminat yang tertarik akan menemukan propertinya. Diperkirakan, jumlah peminat sebenarnya dan jumlah pencarian profil akan dua kali lebih banyak dari persentase relokasi rata-rata yang kira-kira 10%, yaitu 25.000 profil pencarian. Ini termasuk, bahwa peminat membuat beberapa profil pencarian di portal pencocokan properti.

Namun, penting untuk dicatat bahwa sejauh ini pengalaman menunjukkan bahwa sekitar setengah dari semua peminat (pembeli dan penyewa) telah menemukan properti mereka melalui broker, sehingga total 6.250 rumah tangga.
Tetapi berdasar pengalaman untuk pencarian menunjukkan bahwa setidaknya 70% dari semua

rumah tangga di portal properti di Internet, dengan demikian total 8.750 rumah tangga (setara dengan 17.500 profil pencarian).

30% dari semua peminat, 3.750 rumah tangga (setara dengan 7.500 profil pencarian) berada di sebuah kota seperti Mönchengladbach, membuat profil pencarian di Aplikasi portal pencocokan properti, broker properti setahun bisa menawarkan rumah yang cocok melalui 1.500 profil pencarian (20%) calon pembeli dan melalui 6.000 profil pencarian (80%) calon penyewa.

Artinya, pada waktu pencarian rata-rata 10 bulan dan contoh harga 50 € per bulan untuk setiap profil pencarian yang dibuat calon pembeli, maka 7.500 profil pencarian akan menghasilkan potensi penjualan 3.750.000 € per tahun di sebuah kota dengan 250.000 penduduk.

Dalam perhitungan untuk Republik Federal Jerman dengan populasi 80.000.000 (80 juta) ini akan menghasilkan potensi penjualan

1.200.000.000 € (1,2 miliar €) per tahun. - Dari pada 30% dari semua peminat misalnya, 40% dari semua peminat mencari properti Anda pada portal pencocokan properti, potensi penjualan meningkat menjadi 1.600.000.000 € (1,6 miliar €) per tahun.

Potensi penjualan ini hanya berlaku untuk apartemen dan rumah pemilik yang didiami. Penyewaan atau investasi properti di sektor properti dan seluruh sektor properti komersial tidak termasuk dalam perhitungan potensi ini.

Sekitar 50.000 perusahaan di Jerman di bidang broker properti (termasuk kontraktor, broker properti dan perusahaan properti lainnya yang berpartisipasi) dengan sekitar 200.000 karyawan dan contohnya 20% dari 50.000 perusahaan-perusahaan ini menggunakan portal pencocokan properti ini dengan rata-rata 2 lisensi, menghasilkan potensi penjualan 72.000.000 € (72 juta €) per tahun contohnya untuk harga 300 € per bulan per lisensi. Selain itu, pemesanan regional untuk profil pencarian lokal harus berlangsung, sehingga lebih lanjut potensi penjualan dapat dihasilkan di sini, tergantung pada pengaturan.

Broker properti dengan potensi besar ini tidak harus mengaktualisasi lagi secara permanen kepada peminat dengan profil pencarian spesifik database sendiri - jika tersedia, Terutama karena jumlah profil pencarian saat ini yang kemungkinan akan melebihi jumlah pencarian profil yang dibuat oleh banyak broker properti dalam database mereka.

Jika portal pencocokan properti inovatif ditemukan di beberapa negara, misalnya, calon pembeli dari Jerman dapat membuat profil pencarian untuk apartemen liburan di pulau Mediterania Mallorca (Spanyol) dan broker properti yang terhubung di Mallorca dapat memperkenalkan apartemen sesuai prospek

Jerman melalui surel. - Jika laporan yang ditulis dalam bahasa Spanyol dikirim, mereka yang tertarik di Internet sekarang bisa menerjemahkan teks dengan cepat dalam bahasa Jerman dengan dukungan dari program penerjemahan.

Agar dapat merealisasikan seluruh bahasa penyesuaian dari profil pencarian dan properti, karakteristik yang sesuai dapat dicocokkan dalam portal pencocokan properti berdasarkan karakteristik yang diprogram (secara matematika) - terlepas dari bahasa - dan masing-masing bahasa kemudian ditetapkan.

Pada penerapan portal pencocokan properti di semua benua potensial penjualan (hanya mencari peminat) melalui ekstrapolasi sangat sederhana akan ditampilkan sebagai berikut.

Populasi dunia:

7.500.000.000 (7,5 miliar) penduduk

1. Penduduk di negara-negara industri dan sebagian besar negara-negara industri:
2.000.000.000 (2,0 miliar) penduduk

2. Populasi di negara industri baru:
4.000.000.000 (4,0 miliar) penduduk

3. Penduduk di negara-negara berkembang:
1.500.000.000 (1,5 miliar) penduduk

Potensi penjualan tahunan Republik Federal Jerman, sebesar 1,2 miliar € dengan 80 juta penduduk dengan memasukkan perhitungan faktor-faktor negara industri, negara industri baru dan negara-negara berkembang.

1. Negara-negara industri: 1,0

2. Negara industri baru: 0,4

3. Negara-negara berkembang: 0,1

Dengan demikian berikut merupakan potensi penjualan tahunan (1,2 miliar € x populasi (negara industri, industri baru atau negara-negara berkembang) / 80 juta penduduk x faktor).

1. Negara-negara industri: 30,00 miliar €

2. Negara industri baru: 24,00 miliar €

3. Negara-negara berkembang: 2,25 miliar €

   Total: **56,25 miliar €**

9. Kesimpulan

Dengan portal pencocokan yang digambarkan ini keuntungan yang signifikan untuk pencari properti (peminat) dan broker properti ditawarkan.

1. Peminat secara signifikan mengurangi waktu untuk mencari properti yang cocok karena peminat membuat profil pencariannya sekali.

2. Broker properti mendapatkan gambaran total jumlah peminat dengan keinginan yang sudah konkret (profil pencarian).

3. Mereka yang tertarik akan hanya mendapatkan properti yang diinginkan atau sesuai sifat (seperti yang didefinisikan oleh profil pencarian) dari semua broker properti (yang sebenarnya pra-seleksi otomatis).

4. Broker properti mengurangi usaha mereka untuk perawatan database mereka untuk profil pencarian, karena jumlah yang sangat tinggi dari profil pencarian saat ini yang tersedia secara permanen.

5. Karena hanya penyedia/broker properti komersial di portal pencocokan properti yang terhubung, peminat berhubungan dengan broker properti profesional dan berpengalaman.

6. Broker properti mengurangi jumlah janji kunjungan dan periode pemasaran keseluruhan. Sebaliknya, dari sisi peminat jumlah janji kunjungan dan waktu untuk menyelesaikan kontrak pembelian atau sewa berkurang juga.

7. Pemilik menghemat waktu untuk menjual dan menyewakan properti. Selain kekosongan kondisi properti sewa yang lebih rendah dan pembayaran harga pembelian yang lebih dini ketika membeli

properti dengan penyewaan atau penjualan lebih cepat, demikian juga keuntungan finansial.

Dengan realisasi dan implementasi ide pencocokan properti ini kemajuan yang signifikan dalam mediasi properti dapat dicapai.

10. Integrasi portal pencocokan properti dalam perangkat lunak broker properti yang baru, termasuk penilaian properti

Sebagai penyelesaian, portal pencocokan properti yang dijelaskan ini dari awal harusnya menjadi komponen penting dari perangkat lunak broker properti - yang idealnya digunakan di seluruh dunia. Dengan kata lain, broker properti dapat menggunakan portal pencocokan properti dengan perangkat lunak broker properti Anda atau idealnya perangkat lunak broker properti baru termasuk portal pencocokan properti.

Dengan integrasi portal pencocokan properti yang efisien dan inovatif dalam perangkat lunak broker properti ini akan menciptakan karakteristik dasar untuk perangkat lunak broker properti, yang akan menjadi penting untuk penetrasi pasar.

Karena dalam broker properti penilaian properti selalu merupakan bagian penting, dan perlu ada, maka penilaian properti harus selalu diintegrasikan ke dalam perangkat lunak broker properti. Penilaian properti dengan jalur yang sesuai data dapat mendapatkan data / parameter yang relevan melalui koneksi dari input properti melalui broker properti. Mungkin parameter yang kurang dilengkapi broker properti melalui ahli pasar regional sendiri jika perlu.

Selain itu, harus ada kemungkinan dalam perangkat lunak broker properti untuk mengintegrasikan apa yang disebut wisata properti virtual pada properti yang dimediasi. Ini dapat diterapkan, misalnya, dengan disederhanakan, di mana aplikasi tambahan dikembangkan di ponsel dan / atau tablet, yang secara otomatis terintegrasi dan dibungkus dalam perangkat lunak broker properti setelah berhasil merekam tur properti virtual.

Jika portal pencocokan properti yang efisien dan inovatif tertanam dalam perangkat lunak broker properti baru selain penilaian properti, potensi penjualan mungkin meningkat jauh.

Matthias Fiedler

Korschenbroich, den 31.10.2016

Matthias Fiedler

Erika-von-Brockdorff-Str. 19

41352 Korschenbroich

Deutschland

www.matthiasfiedler.net

www.ingramcontent.com/pod-product-compliance
Lightning Source LLC
Chambersburg PA
CBHW071526210326
41597CB00018B/2914